| | |
|---|---|
| skole - məktəp | 2 |
| rejse - səyəxət | 5 |
| transport - transport | 8 |
| by - şəhər | 10 |
| landskab - tirə-yün | 14 |
| restaurant - restoran | 17 |
| supermarked - supermarket | 20 |
| drikkevarer - eçemleklər | 22 |
| mad - azıq | 23 |
| bondegård - çeftlek | 27 |
| hus - yort | 31 |
| stue - qunaq bülməse | 33 |
| køkken - aş bülməse | 35 |
| badeværelse - yuınu bülməse | 38 |
| børneværelse - bala bülməse | 42 |
| tøj - kiyem | 44 |
| kontor - ofis | 49 |
| økonomi - iqtisad | 51 |
| erhverv - hönərlər | 53 |
| værktøj - ələtlər | 56 |
| musikinstrumenter - muzıka alətlərе | 57 |
| zoo - xaywan baqçası | 59 |
| sport - sport törlərе | 62 |
| aktiviteter - itkenleklər | 63 |
| familie - ğailə | 67 |
| krop - tən | 68 |
| sygehus - xastaxanə | 72 |
| nødstilfælde - kiçektergesez xəl | 76 |
| Jorden - Cir | 77 |
| ur - səğət | 79 |
| uge - atna | 80 |
| år - yıl | 81 |
| former - şəkellər | 83 |
| farver - töslər | 84 |
| modsætninger - qapma-qarşılıqlar | 85 |
| tal - sannar | 88 |
| sprog - tellər | 90 |
| hvem / hvad / hvordan - kem / nərsə / niçek | 91 |
| hvor - qayda | 92 |

Impressum
Verlag: BABADADA GmbH, Nedderfeld 112 , 22529 Hamburg
Geschäftsführer / Verlagsleitung: Harald Hof
Druck: Books on Demand GmbH, In de Tarpen 42, 22848 Norderstedt

Imprint
Publisher: BABADADA GmbH, Nedderfeld 112 , 22529 Hamburg, Germany
Managing Director / Publishing direction: Harald Hof
Print: Books on Demand GmbH, In de Tarpen 42, 22848 Norderstedt

# skole
## məktəp

dividere / bülü

tavle / taqta

klasseværelse / sıynıf bülməsə

skolegård / məktəp ixatası

lærer / uqituçı

papir / kəğəz

skrive / yazarğa

pen / qələm

skrivebord / östəl

lineal / sızğıç

bog / kitap

elev / uquçı

skoletaske

buqça

penalhus

qələmdan

blyant

qırandaş

blyantspidser

qələm oçlağıç

viskelæder

betergeç

tegneblok

rəsem dəftərə

tegning
rəsem

pensel
pumala

æske med vandfarver
buyawlar tartması

saks
qayçı

lim
cilem

opgavehefte
dəftər

lektie
öy eşe

tal
san

addere
quşu

subtrahere
alu

multiplicere
tapqırlaw

regne
isəpləw

bogstav
xəref

alfabet
əlifba

ord
süz

skole - məktəp

tekst
tekst

læse
uqırğa

kridt
aqbur

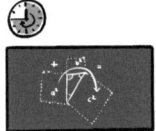
time
dəres

klasseprotokol
sıynıf jurnalı

eksamen
imtixan

karakterbog
sertifikat

skoleuniform
məktəp forması

uddannelse
məğərif

leksikon
ensiklopediyə

universitet
universitə

mikroskop
mikroskop

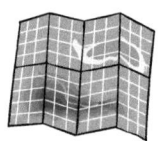
kort
xarita

papirkurv
çüp qəğəz çiləge

skole - məktəp

# rejse
# səyəxət

hotel
qunaqxanə

herberg
hostel

vekselkontor
valūta bürosı

kuffert
baul

bil
maşina

sprog
tel

ja / nej
əye / yuq

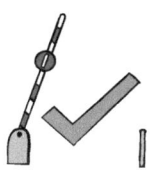

okay
yarar

hej
isənmesez

oversætter
tərceməçe

tak
Rəxmət

rejse - səyəxət

| hvad koster...? | Jeg forstår ikke | problem |
| --- | --- | --- |
| ... küpme tora? | min añlamıym | problem |

| God aften! | God morgen! | God nat! |
| --- | --- | --- |
| Xəyerle kiç! | Xəyerle irtə! | Tınıç yoqı! |

| farvel | retning | bagage |
| --- | --- | --- |
| saw bulığız | yünələş | bagaj |

| taske | rygsæk | gæst |
| --- | --- | --- |
| buqça | biştər | qunaq |

| værelse | sovepose | telt |
| --- | --- | --- |
| bülmə | yoqı qapçığı | çatır |

rejse - səyəxət

turistinformation — strand — kreditkort
turist məğlümətə — qomsal — kredit kartə

morgenmad — middagsmad — aftensmad
irtənge aş — töşlek — kiçke aş

billet — elevator — frimærke
bilet — lift — marka

grænse — told — ambassade
çik — tamğaxanə — ilçelek

visum — pas
viza — pasport

rejse - səyəxət

# transport
# transport

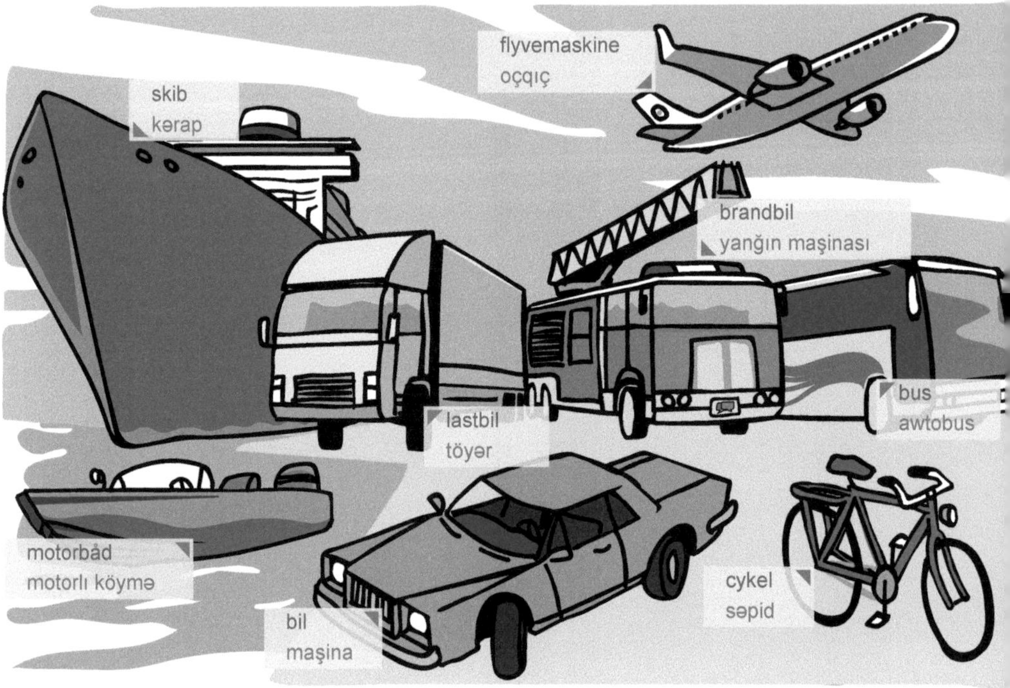

færge
boram

båd
köymə

motorcykel
motosiklət

politibil
polisə maşinası

racerbil
uzış maşinası

lejebil
kiralıq maşina

transport - transport

samkørsel                     kranbil                       skraldebil
karşering                      tartuçı                       çüp töyəre

motor                          benzin                      tankstation
motor                          yağulıq                     benzinlek

 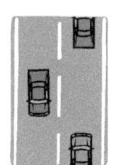 

trafikskilt                    trafik                          trafikprop
trafik bilgese               xərəkət                     böke

parkeringsplads        banegård                 skinner
parking                      stansa                     rəy

 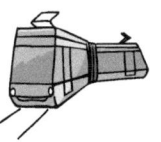 

tog                             sporvogn                 wagon
trən                          tramway                  vagon

transport - transport

| helikopter | lufthavn | tårn |
|---|---|---|
| boralaq | hawa alanı | manara |

 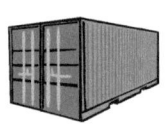 

| passager | container | karton |
|---|---|---|
| yulçı | konteyner | alap |

  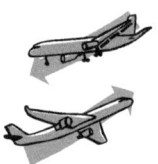

| kærre | kurv | starte / lande |
|---|---|---|
| yök arbası | səbət | qalqu / töşü |

## by
## şəhər

| landsby | bymidte | hus |
|---|---|---|
| awıl | şəhər üzəge | yort |

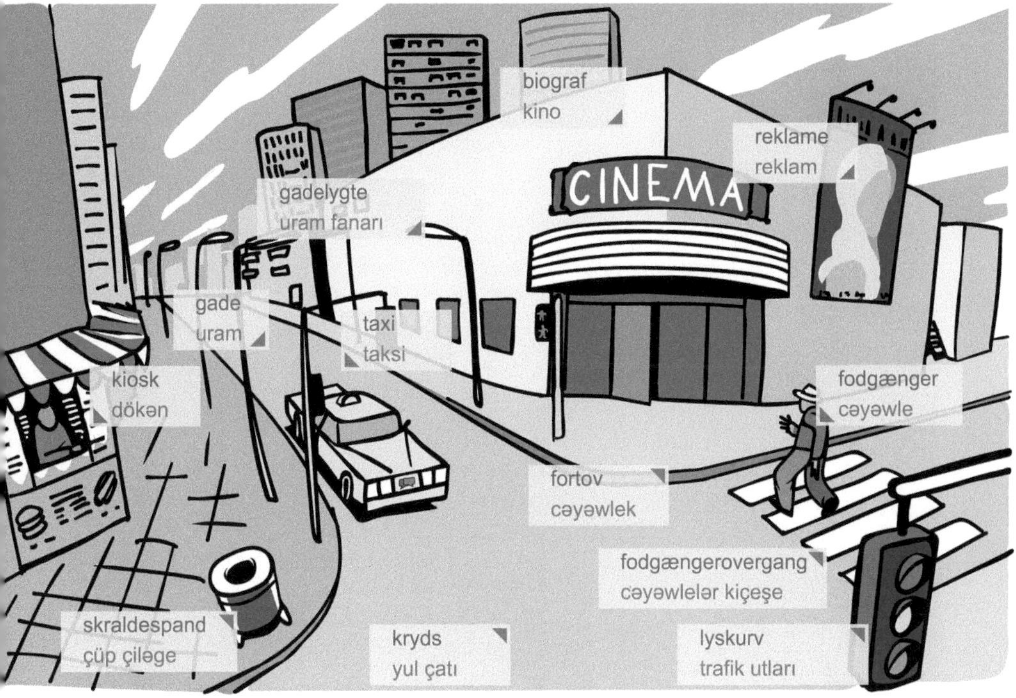

hytte
alaçıq

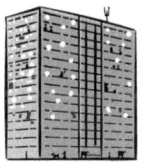

lejlighed
fatir

banegård
stansa

rådhus
şəhər xakimiyəte

museum
yədkərxanə

skole
məktəp

by - şəhər

universitet

universitə

bank

bank

sygehus

xastaxanə

hotel

qunaqxanə

apotek

daruxanə

kontor

ofis

boghandel

kitap kibete

butik

kibet

blomsterbutik

çəçək kibete

supermarked

supermarket

marked

bazar

stormagasin

zur kibet

fiskehandler

balıq kibete

butikscenter

səwdə üzəge

havn

liman

12  by - şəhər

park        bænk        bro
park        eskəmiyə        küper

trappe        undergrundsbane        tunnel
basqıç        metro        tunnel

busstoppested        barnevogn        restaurant
awtobus tuqtalışı        bar        restoran

postkasse        vejskilt        parkometer
yamıl tartması        uram bilgese        parking sanağıçı

zoo        badeanstalt        moske
xaywan baqçası        xəwezxanə        məçet

by - şəhər

bondegård     miljøforurening     kirkegård
çeftlek     kerlelek     zirat

kirke     legeplads     tempel
çirkəw     uyın alanı     ğibädätxanä

## landskab
## tirə-yün

- blad / yafraq
- vejviser / yul kürsətkeçe
- vej / yul
- eng / bolın
- sten / taş
- træ / ağaç
- vandrer / yöreşçe
- flod / yılğa
- græs / ülən
- blomst / çəçək

landskab - tirə-yün

dal
üzən

bjerg
qalqulıq

sø
kül

skov
urman

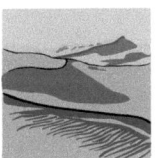

ørken
çül

vulkan
yanartaw

slot
nığıtma

regnbue
salawat küpere

svamp
gömbə

palme
palma

moskito
çerki

flue
çeben

myre
qırmısqa

bi
bal qortı

edderkop
ürməküç

landskab - tirə-yün

bille
qoñğız

frø
baqa

egern
tiyen

pindsvin
kerpe

hare
quyan

ugle
yabalaq

fugl
qoş

svane
aqqoş

vildsvin
qaban duñğızı

hjort
bolan

elg
poşıy

dæmning
tuan

vindmølle
cir turbinı

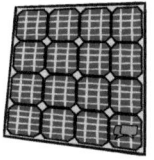
solcellemodul
qoyaş panele

klima
iqlim

landskab - tire-yün

# restaurant
# restoran

- tjener / tabınçı
- spisekort / saylaq
- stol / urındıq
- pizza / pitsa
- suppe / aş
- bestik / çəneçke-pıçaq taqımı
- borddug / aşyawlıq

forret
qabımlıq

hovedret
töp aşamlıq

dessert
tatlı

drikkevarer
eçemleklər

mad
azıq

flaske
şeşə

restaurant - restoran

| fastfood | streetfood | tekande |
| --- | --- | --- |
| fastfud | uram rizığı | çəygün |

| sukkerdåse | portion | espressomaskine |
| --- | --- | --- |
| şikər sawıtı | salım | espresso maşını |

| barnestol | faktura | tablet |
| --- | --- | --- |
| biyek urındıq | xisap | töger |

| kniv | gaffel | ske |
| --- | --- | --- |
| pıçaq | çəneçke | qaşıq |

| teske | serviet | glas |
| --- | --- | --- |
| çəy qaşığı | tastımal | tustağan |

restaurant - restoran

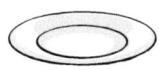  

| tallerken | dyb tallerken | underkop |
|---|---|---|
| tabaq | aş tabağı | cəypək |

 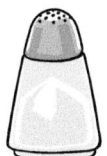 

| sovs | saltbøsse | peberkværn |
|---|---|---|
| sous | toz sawıtı | borıç tegermene |

  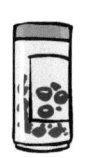

| eddike | olie | krydderier |
|---|---|---|
| serkə | sıyıq may | təmlətkeç |

| ketchup | sennep | mayonnaise |
|---|---|---|
| ketçup | xərdəl | mayonez |

restaurant - restoran

# supermarked
# supermarket

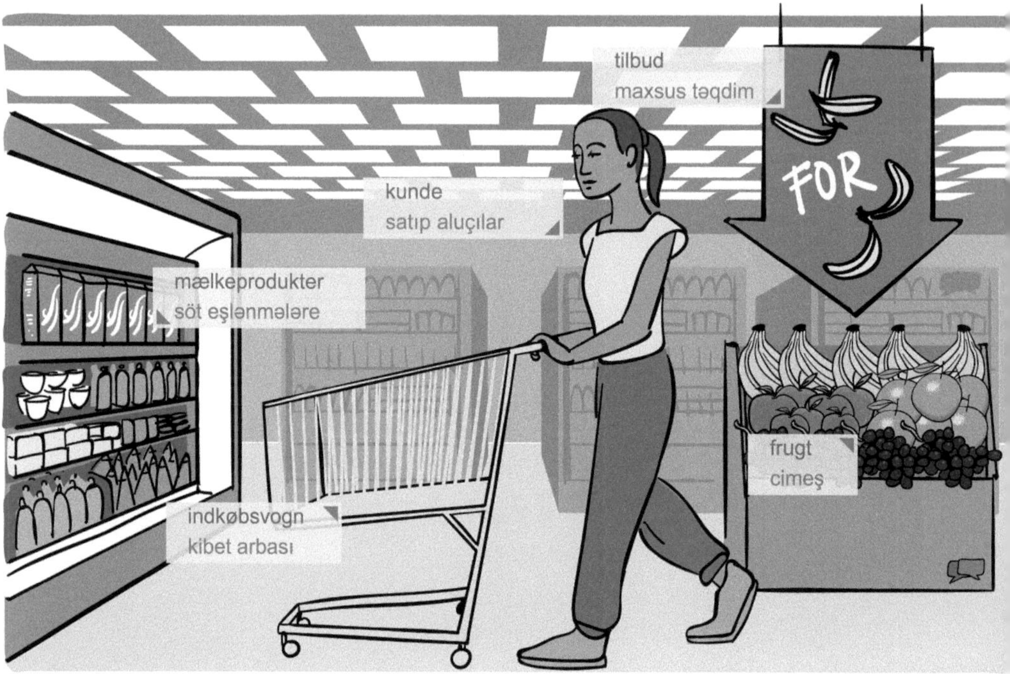

tilbud
maxsus təqdim
kunde
satıp aluçılar
mælkeprodukter
söt eşlənmələre
frugt
cimeş
indkøbsvogn
kibet arbası

BUTCHERS

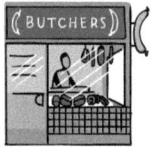

slagter

it kibete

BAKERY

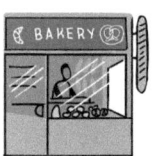

bageri

ikməkxanə

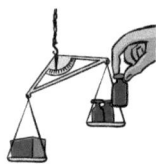

veje

ülçəw

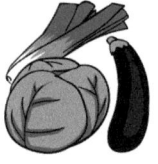

grøntsager

yəşelçə

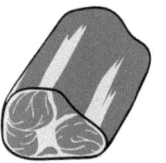

kød

it

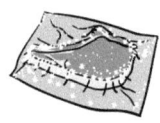

frostvarer

tuñdırılğan aşamlıqlar

pålæg
suıq it

konserves
kənsirləngən aşamlıq

vaskemiddel
ker tuzı

slik
şikərləmələr

husholdningsvarer
öy eşlənmələre

rengøringsmidler
təmizlek eşlənmələre

ekspedient
satuçı

kasse
yazuçı kassa

kasserer
kassir

indkøbsliste
satıp alu isemlege

åbningstider
eş waqıtı

tegnebog
qalta

kreditkort
kredit kərte

taske
buqça

plasticpose
plastik qapçıq

supermarked - supermarket 21

# drikkevarer
# eçemlekler

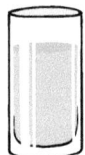

vand
su

saft
sut

mælk
söt

cola
kola

vin
şərəb

øl
sıra

alkohol
xəmer

kakao
kakao

te
çəy

kaffe
qəhwə

espresso
espresso

cappuccino
kapuçino

# mad
## azıq

banan
banan

æble
alma

appelsin
əflisun

melon
qarbız

citron
limon

gulerod
kişer

hvidløg
sarımsaq

bambus
bambu

løg
suğan

svamp
gömbə

nødder
çikləweklər

nudler
toqmaç

mad - azıq

| spaghetti | ris | salat |
| spagetti | döge | salat |

| pomfritter | stegte kartofler | pizza |
| çips | qızdırılğan bərəñge | pitsa |

| hamburger | sandwich | schnitzel |
| hamburger | sandwiç | kətlit |

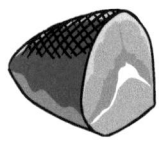  

| skinke | salami | pølse |
| ветчина | salami | sosis |

| kylling | steg | fisk |
| tawıq ite | qızdırma | balıq |

havregryn
solı izməse

mysli
müsli

cornflakes
məkkəy keterdege

mel
on

croissant
kruassan

rundstykke
ipi tügərəge

brød
ikmək

toast
tost

kiks
kətərməç

smør
may

kvark
eremçek

kage
kəyk

æg
yomırqa

spejlæg
təbə

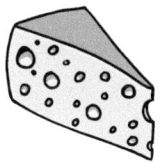
ost
pəynir

mad - azıq

25

| | | |
|---|---|---|
|  |  |  |
| is | sukker | honning |
| tuñdırma | şikər | bal |
|  |  |  |
| marmelade | nougat-creme | karry |
| qaynatma | şokolad izməse | karri |

mad - azıq

# bondegård
# çeftlek

ged
kəcə

ko
sıyır

kalv
bozaw

svin
duñğız

gris
duñğız balası

tyr
ügez

gås
qaz

and
ürdək

kylling
çebi

høne
tawıq

hane
ətəç

rotte
küse

kat
pesi

mus
tıçqan

okse
eş ügeze

hund
et

hundehus
et oyası

haveslange
baqça xortumı

vandkande
susipkeç

le
çalğı

plov
saban

bondegård - çeftlek

segl
uraq

hakkejern
kitmən

møggreb
sənək

økse
balta

trillebør
qul arbası

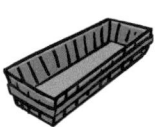

trug
tağaraq

mælkekande
söt çiləge

sæk
qapçıq

hæk
qoyma

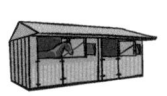

stald
abzar

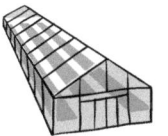

drivhus
essexanə

jord
tufraq

frø
orlıq

gødning
aşlama

mejetærsker
kombayn

bondegård - çeftlek

høste
uñış cıyarğa

høst
uñış

yams
yam

hvede
boday

soja
soya

kartoffel
bərəñge

majs
məkkəy

raps
raps

frugttræ
cimeş ağaçı

maniok
manyok

korn
börteklelər

bondegård - çeftlek

# hus
# yort

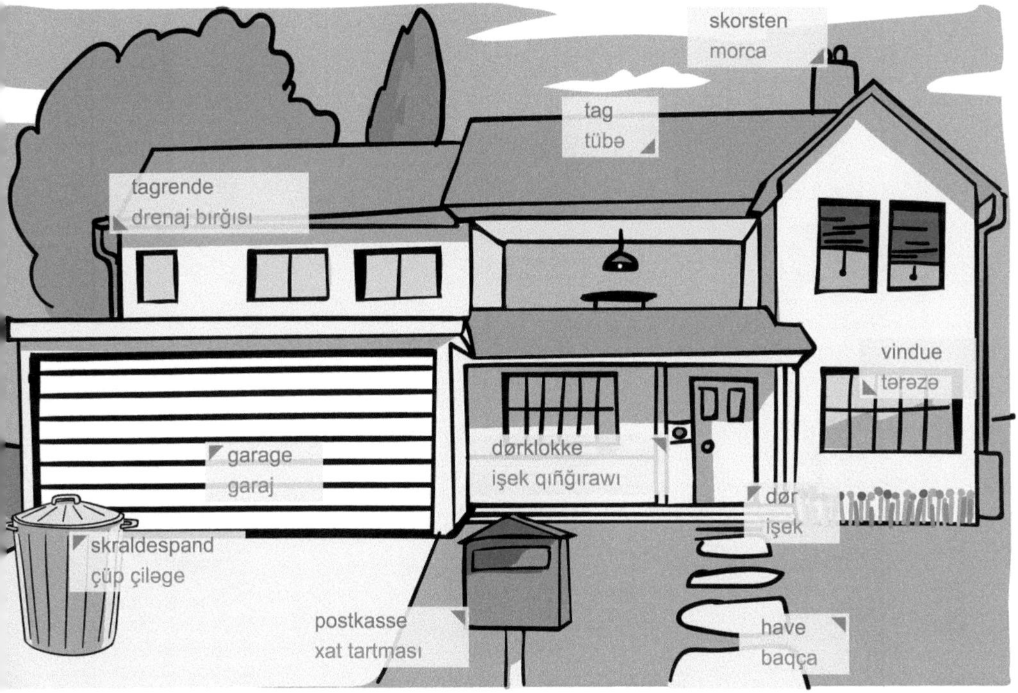

skorsten
morca

tag
tübə

tagrende
drenaj bırğısı

vindue
tərəzə

garage
garaj

dørklokke
işek qıñğırawı

dør
işek

skraldespand
çüp çiləge

postkasse
xat tartması

have
baqça

stue
qunaq bülməse

badeværelse
yuınu bülməse

køkken
aş bülməse

soveværelse
yataq bülməse

børneværelse
bala bülməse

spisestue
aş bülməse

hus - yort

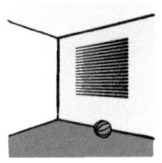 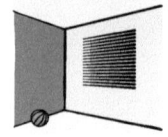 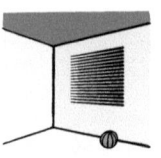

| gulv | væg | loft |
| --- | --- | --- |
| idän | diwar | tüşəm |

| kælder | sauna | altan |
| --- | --- | --- |
| tülə | sawna | balkon |

 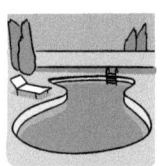 

| terrasse | svømmehal | plæneklipper |
| --- | --- | --- |
| teras | xəwez | çirəmçapqıç |

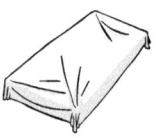  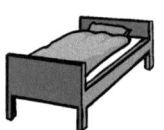

| dynebetræk | dyne | seng |
| --- | --- | --- |
| cəymə | yataq yapması | yataq |

| kost | spand | kontakt |
| --- | --- | --- |
| seberke | çilək | özgeç |

hus - yort

# stue
# qunaq bülməsə

- tapet / diwar kəğəze
- billede / rəsem
- lampe / lampa
- reol / kiştə
- skab / dulap
- pejs / çual
- fjernsyn / televiziyə
- blomst / çəçək
- pude / mendər
- vase / nəlbək
- sofa / diwan
- fjernbetjening / yıraqtan boyırma

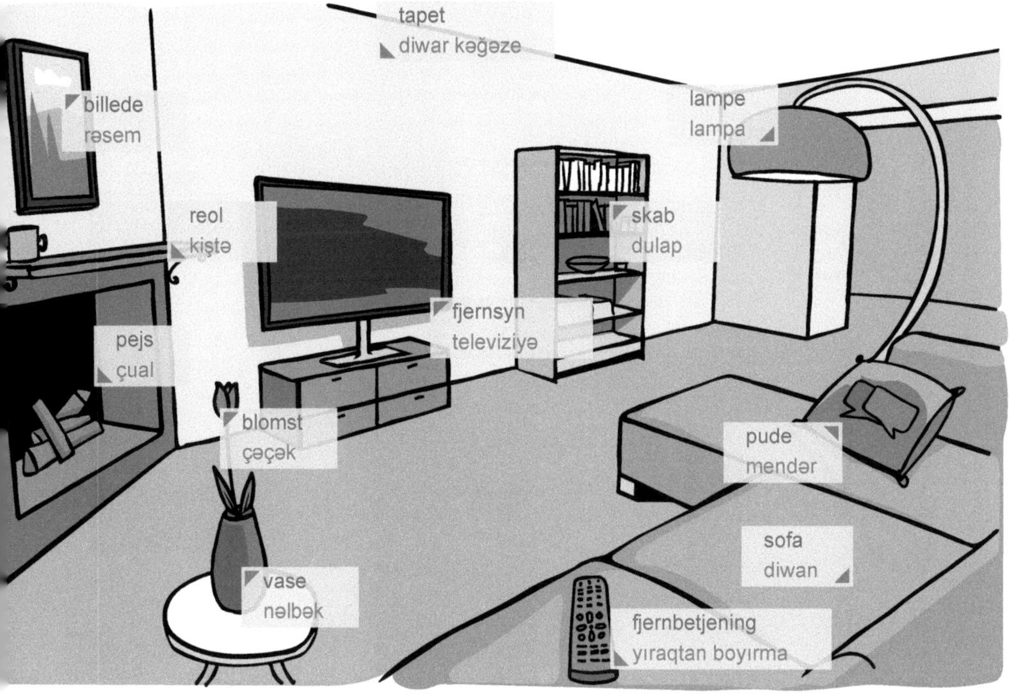

gulvtæppe
keləm

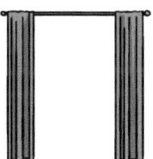

gardin
pərdə

bord
östəl

stol
urındıq

gyngestol
tirbəlmə urındıq

lænestol
kənəfi

stue - qunaq bülməsə

bog
kitap

tæppe
yapma

dekoration
dekor

brænde
utın

film
film

stereoanlæg
hi-fi

nøgle
açqıç

avis
qəcit

maleri
sürət

plakat
poster

radio
radio

notesblok
quyın dəftəre

støvsuger
tuzansuırğıç

kaktus
kaktus

lys
şəm

stue - qunaq bülməse

# køkken
# aş bülməse

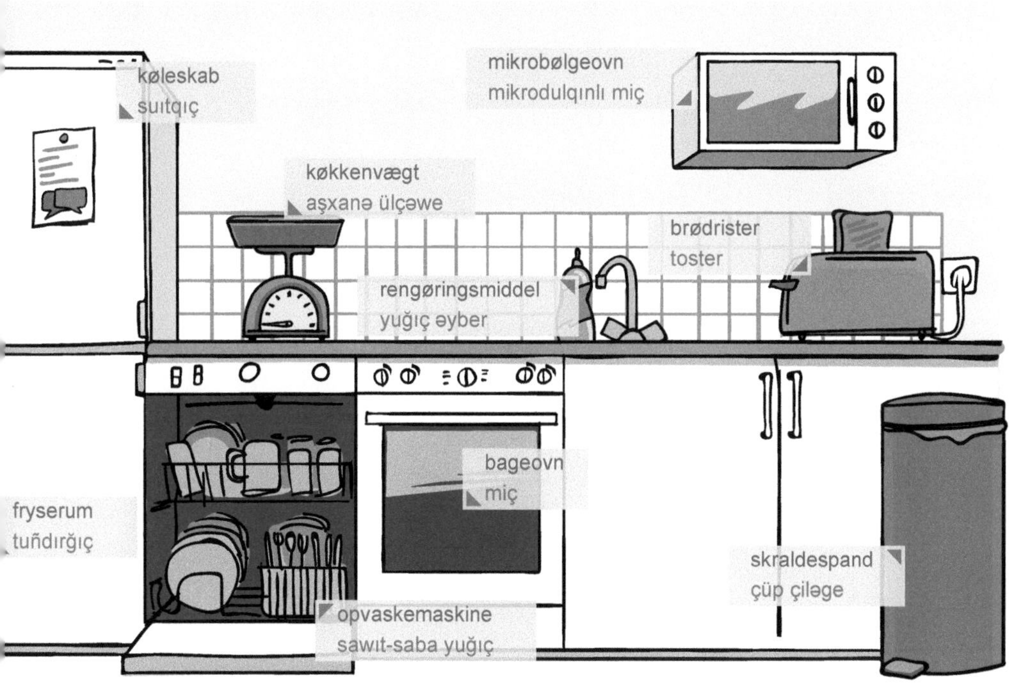

køleskab
suıtqıç

mikrobølgeovn
mikrodulqınlı miç

køkkenvægt
aşxanə ülçəwe

brødrister
toster

rengøringsmiddel
yuğıç əyber

fryserum
tuñdırğıç

bageovn
miç

skraldespand
çüp çiləge

opvaskemaskine
sawıt-saba yuğıç

komfur
əwsək

gryde
sağan

jerngryde
çuyın sağan

wok / kadai
wok

pande
taba

elkedel
çəygün

køkken - aş bülməse

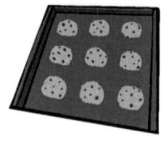

dampkoger  
bulı peşergeç

bageplade  
qalay

service  
sawıt-saba

bæger  
təgəç

skål  
kəsə

spisepinde  
aşaw tayaqçıqları

øseske  
ucaw

paletkniv  
spatula

piskeris  
tuğlağıç

dørslag  
sözgeç

si  
ilək

rive  
qırğıç

morter  
kile

grille  
barbekü

ildsted  
açıq uçaq

køkken - aş bülməse

skærebræt
taqta

kagerulle
uqlaw

proptrækker
böke suırğıç

dåse
metal tartma

dåseåbner
kənsir açqıç

grydelap
miç biyələye

køkkenvask
kirşən

børste
fırça

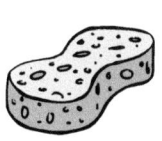

svamp
bolıt

blender
blender

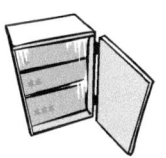

dybfryser
tirən tuñdırğıç

sutteflaske
imezlekle şeşə

vandhane
çömək

køkken - aş bülməse

# badeværelse
## yuınu bülməse

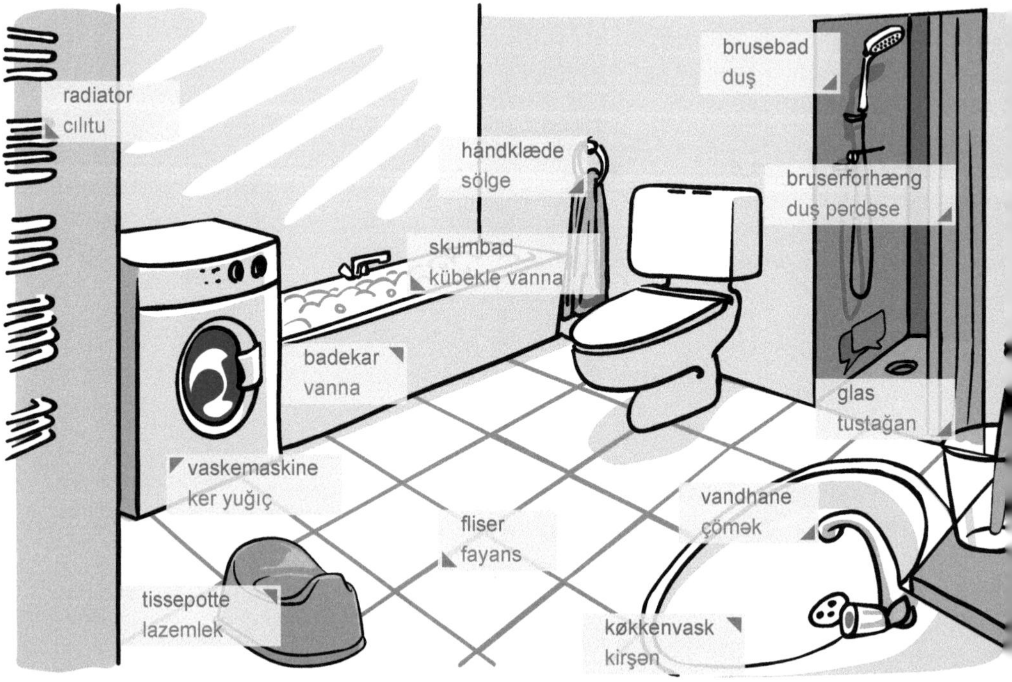

toilet
bədrəf

hugsiddende toilet
törekçə bədrəf

bidet
bide

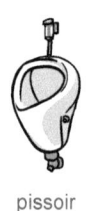
pissoir
pissuar

toiletpapir
bədrəf kəğəze

toiletbørste
bədrəf fırçası

badeværelse - yuınu bülməse

  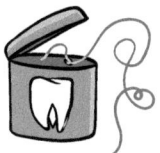

| tandbørste | tandpasta | tandtråd |
|---|---|---|
| teş fırçası | teş məğcüne | teş cebe |

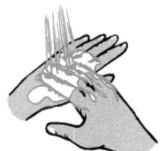  

| vaske | håndbruser | intimbruser |
|---|---|---|
| yuarğa | duş başlığı | duş |

| vaskefad | badebørste | sæbe |
|---|---|---|
| kirşən | arqa fırçası | sabın |

| brusegele | shampoo | vaskeklud |
|---|---|---|
| duş señəle | şampun | munçala |

| afløb | creme | deodorant |
|---|---|---|
| ağım | krem | dezodorant |

badeværelse - yuınu bülməse

spejl
közge

kosmetikspejl
qul közgese

barberhøvl
östərə

barberskum
qırınu kübege

barbervand
qırınu losyonı

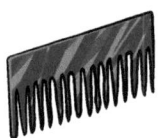

kam
taraq

børste
fırça

hårtørrer
fön

hårspray
çəç sprəye

makeup
makiyaj

læbestift
iren innege

neglelak
tırnaq cələse

vat
mamıq

neglesaks
tırnaq qayçısı

parfume
xuşbuy

badeværelse - yuınu bülməse

| toilettaske | skammel | vægt |
| --- | --- | --- |
| makiyaj buqçası | utırğıç | ülçəw |

| badekåbe | gummihandsker | tampon |
| --- | --- | --- |
| çoba | rezin iləsə | tampon |

 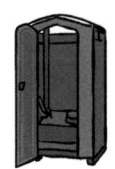

| damebind | kemisk toilet |
| --- | --- |
| higiyenik pəd | kimiyəwi bədrəf |

badeværelse - yuınu bülməse

# børneværelse
## bala bülməse

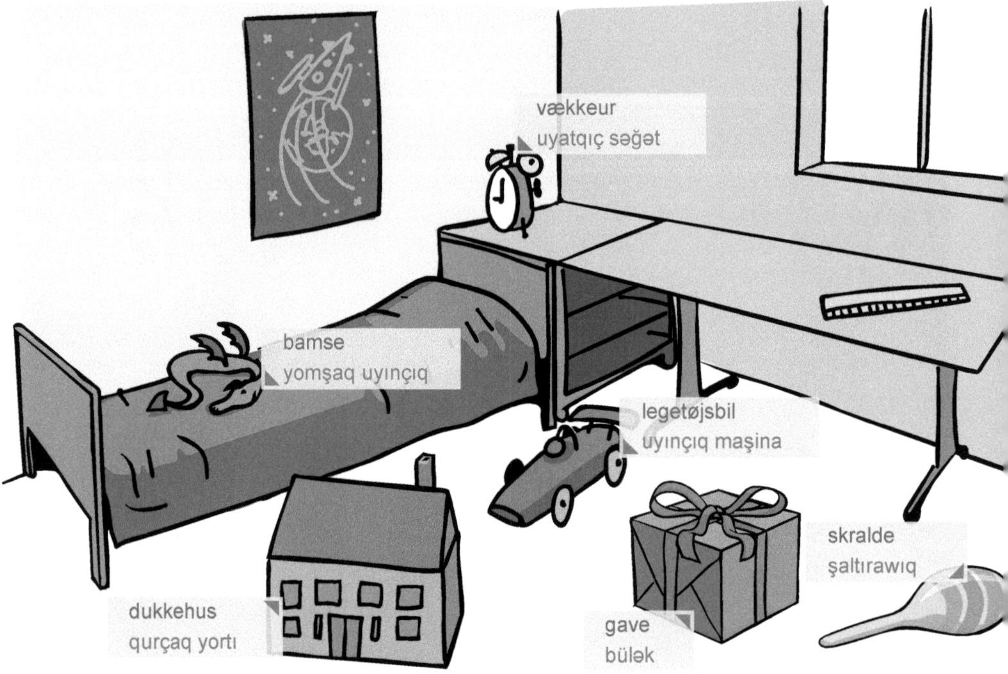

vækkeur
uyatqıç səğet

bamse
yomşaq uyınçıq

legetøjsbil
uyınçıq maşina

dukkehus
qurçaq yortı

gave
bülək

skralde
şaltırawıq

ballon
hawa şarı

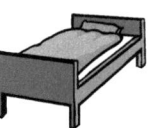
seng
yataq

barnevogn
bəbi arbası

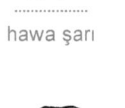
kortspil
kərt dəstəse

puslespil
pazl

tegneserie
komiks

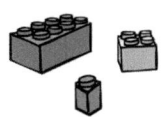

legoklodser
lego kirpeçlərə

byggeklodser
şaqmaqlar

action figur
uyın sınçığı

sparkedragt
zıbın

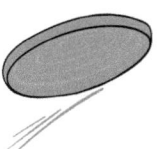

frisbee
frisbi

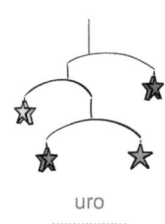

uro
mobil

brætspil
östəl uyını

terning
uyın taşı

modeljernbane
trən modele cıyılması

sut
imezlek

fest
kiçə

billedbog
rəsemle kitap

bold
tup

dukke
qurçaq

lege
uynarğa

børneværelse - bala bülməse

sandkasse
qomlıq

gynge
tağan

legetøj
uyınçıqlar

spillekonsol
uyın quşması

trehjulet cykel
öç köpçəkle səpid

bamse
uyınçıq ayu

klædeskab
kiyem dulabı

## tøj
## kiyem

sokker
oyıqbaş

strømper
oyıq

strømpebukser
oyığıştan

44 tøj - kiyem

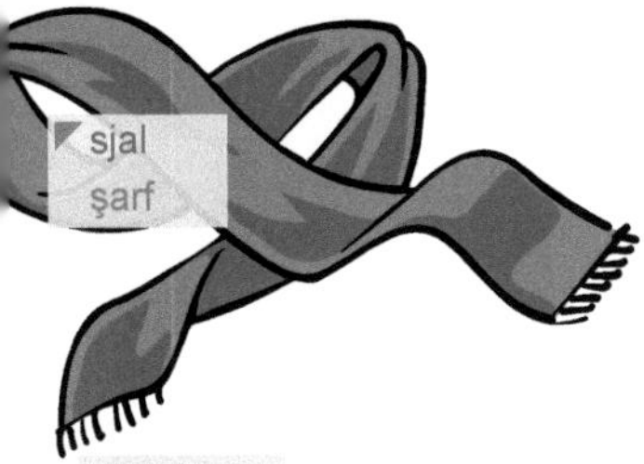

sjal / şarf

bælte / qayış

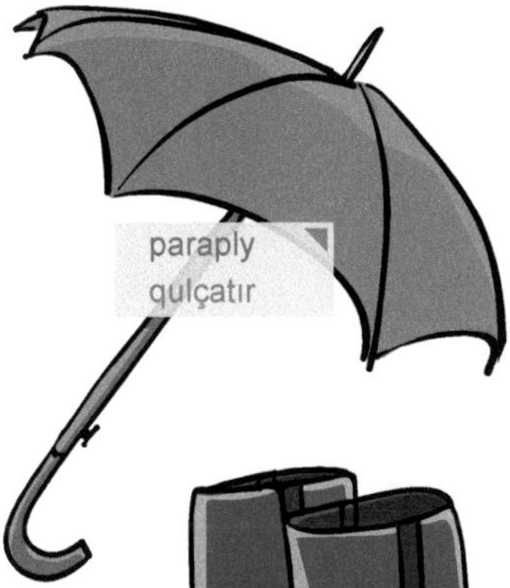

paraply / qulçatır

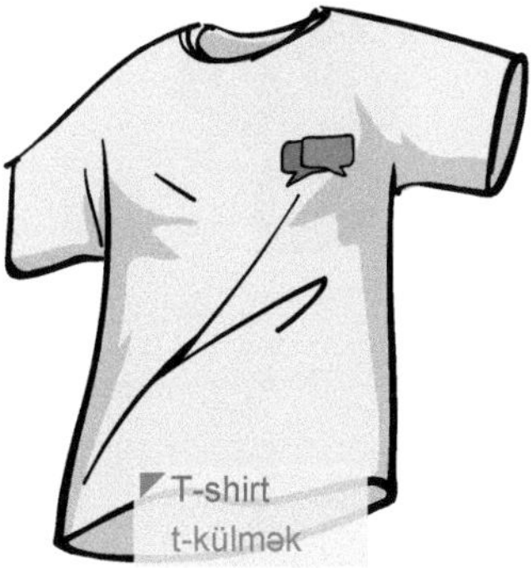

T-shirt / t-külmək

sneakers / sport ayaq kiyeme

støvler / itek

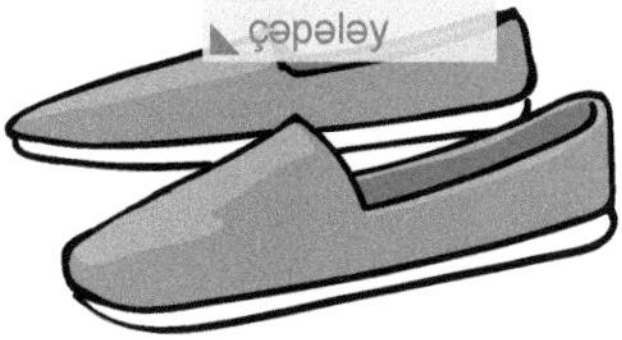

hjemmesko / çəpələy

sandaler
sandallar

sko
ayaq kiyeme

gummistøvler
rezin itek

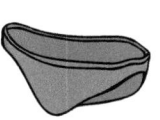

underbukser
tənban

BH
tüşti

undertrøje
cələk

tøj - kiyem

body
bodi

bukser
çalbar

jeans
jins

nederdel
itək

bluse
bluz

skjorte
külmək

pullover
sviter

sweatshirt
hudi

blazer
bleyzer

jakke
jaket

frakke
bişmət

regnfrakke
yañğırlıq

kostume
kəçtüm

kjole
külmək

brudekjole
tuy külməge

| jakkesæt | nattrøje | pyjamas |
|---|---|---|
| taqım kiyem | tönge külmək | pijama |

| sari | hovedtørklæde | turban |
|---|---|---|
| sari | yawlıq | çalma |

| burka | kaftan | abaya |
|---|---|---|
| burqa | çapan | abaya |

| badedragt | badebukser | korte bukser |
|---|---|---|
| qoyınu kiyeme | yözü tənbanı | şort |

| træningsdragt | forklæde | handsker |
|---|---|---|
| sport kiyeme | alyapqıç | iləsə |

tøj - kiyem

knap
töymə

briller
küzlek

armbånd
beləzek

kæde
muyınsa

ring
baldaq

ørering
alqa

hue
kəpəç

bøjle
elgeç

hat
eşləpə

slips
muyınbaw

lynlås
zıncır

hjelm
oçlam

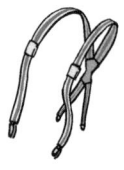

seler
çalbar asması

skoleuniform
məktəp forması

uniform
forma

tøj - kiyem

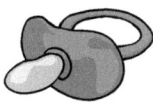

| hagesmæk | sut | ble |
|---|---|---|
| balalar kükrəkçəse | imezlek | küzələ |

## kontor
## ofis

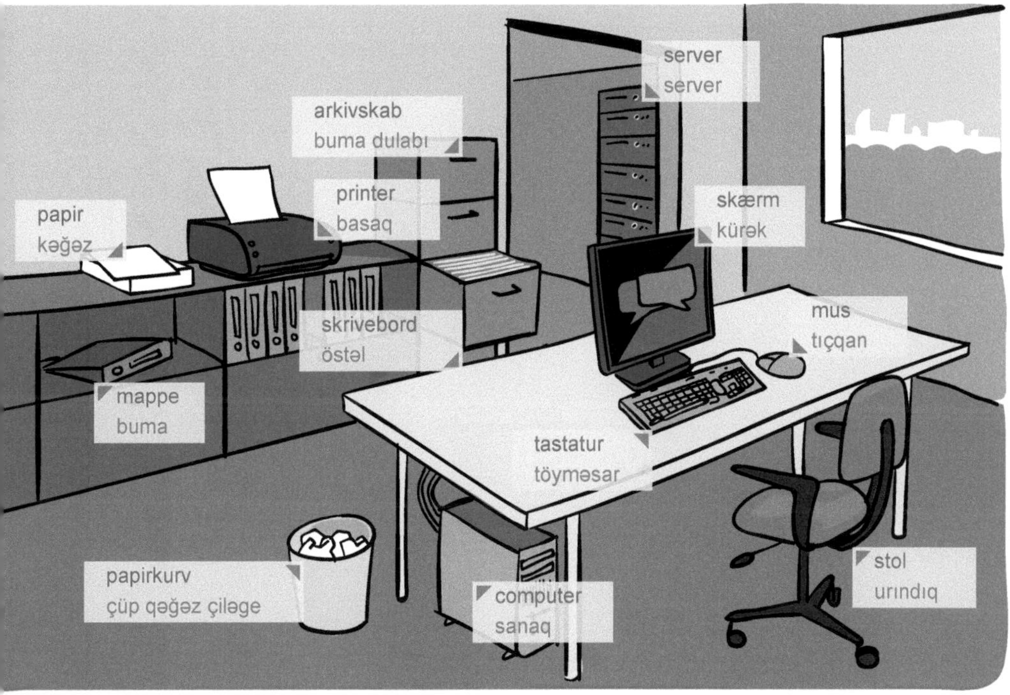

- arkivskab / buma dulabı
- server / server
- papir / kəğəz
- printer / basaq
- skærm / kürək
- skrivebord / östəl
- mus / tıçqan
- mappe / buma
- tastatur / töyməsar
- papirkurv / çüp qəğəz çiləge
- computer / sanaq
- stol / urındıq

| kaffekrus | lommeregner | internet |
|---|---|---|
| qəhwə təgəçe | sansanar | internet |

kontor - ofis

bærbar
leptop

brev
xat

besked
xəbər

mobil
kesə telefonı

netværk
çeltər

kopimaskine
fotokopyaçı

software
program təminatı

telefon
telefon

stikdåse
ayırğıç

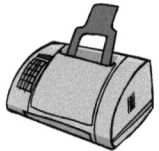
fax
faks

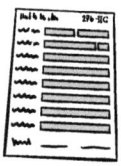
formular
form

dokument
dokument

kontor - ofis

# økonomi
# iqtisad

| | | |
|---|---|---|
| 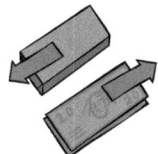 |  | 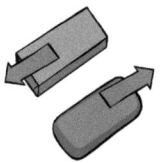 |
| købe | betale | handle |
| satıp alırğa | tülərgə | səwdə itərgə |
|  | <br> | <br> |
| penge | dollar | euro |
| aqça | dollar | euro |
| <br> | <br> | <br> |
| yen | rubel | schweizerfranc |
| yen | sum | frank |
| <br> | <br> |  |
| renminbi yuan | rupee | hæveautomat |
| yuan | rupi | bankomat |

| vekselkontor | guld | sølv |
|---|---|---|
| valüta bürosı | altın | kömeş |

| olie | energi | pris |
|---|---|---|
| qaramay | energiyə | bəyə |

  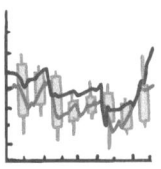

| kontrakt | skat | aktie |
|---|---|---|
| kontrakt | salım | stok |

| arbejde | ansat | arbejdsgiver |
|---|---|---|
| eşlərgə | eşçe | eş birüçe |

| fabrik | butik |
|---|---|
| fabrika | kibet |

økonomi - iqtisad

# erhverv
# hönərlər

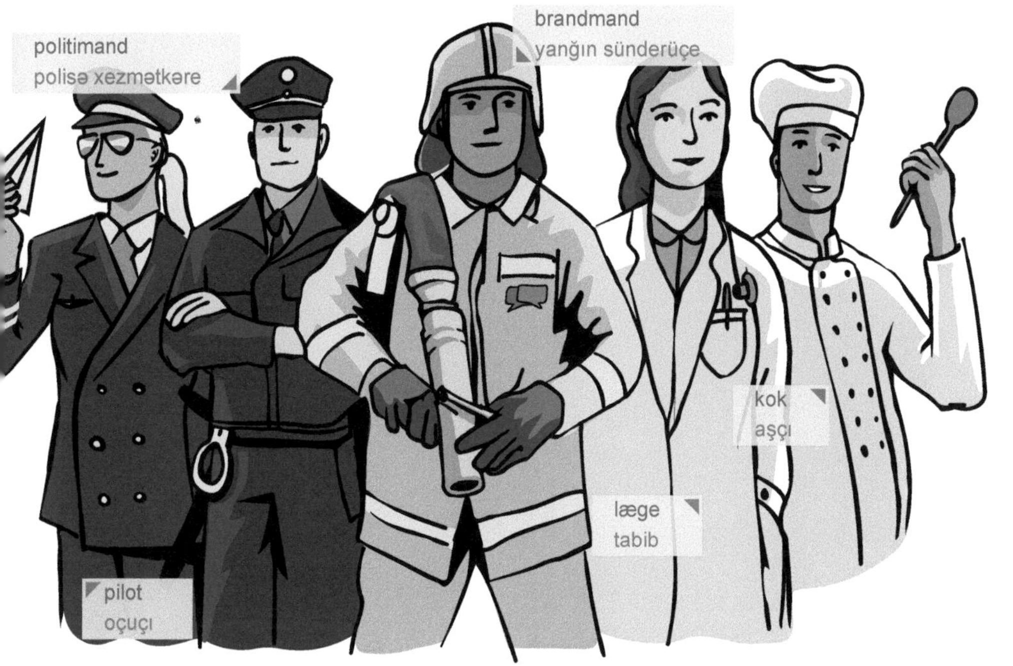

- brandmand / yangın sünderüçe
- politimand / polisə xezmətkəre
- kok / aşçı
- læge / tabib
- pilot / oçuçı

gartner
baqçaçı

tømrer
ağaç ostası

syerske
tegüçe

dommer
xökemçe

kemiker
kimiyəçe

skuespiller
aktor

buschauffør taxachauffør fisker
awtobus yörtüçe taksiçe balıqçı

rengøringskone tagdækker tjener
cıyıştıruçı xatın tübə yabuçı tabınçı

jæger maler bager
awçı rəssam ikməkçe

elektriker bygningsarbejder ingeniør
elektrçı tözüçe möhəndis

slagter vvs-mand postbud
itçe çöməkçe yamılçı

erhverv - hönərlər

soldat
ğəskəri

arkitekt
miğmar

kasserer
kassir

blomsterhandler
çəçəkçe

frisør
çəçtaraş

togfører
konduktor

mekaniker
mekanik

kaptajn
kapitan

tandlæge
teş tabibı

videnskabsmand
ğalim

rabbiner
rabbi

imam
imam

munk
kəşiş

præst
ruxani

erhverv - hönərlər

# værktøj
## ələtlər

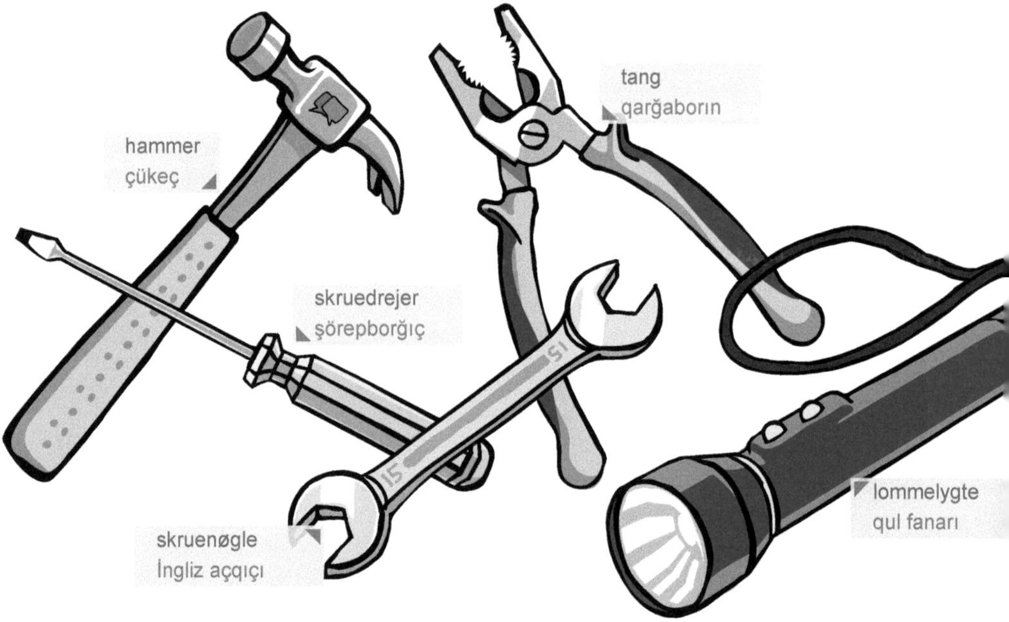

hammer
çükeç

tang
qarğaborın

skruedrejer
şörepborğıç

skruenøgle
İngliz açqıçı

lommelygte
qul fanarı

gravemaskine
qazu maşinası

værktøjskasse
ələt buqçası

stige
basqıç

sav
pıçqı

søm
qadaqlar

bor
dril

 reparere
tözətergə

 skovl
kørək

 Lort!
Şaytan alğırı!

 fejebakke
sosqı

 malerspand
buyaw sawıtı

 skruer
mıqlar

## musikinstrumenter
## muzıka alətlərе

- kontrabas
  kontrabas
- trommer
  dawılbaz taqımı
- højttaler
  tawış köçəytkeç
- trompet
  bırğı
- guitar
  gitar

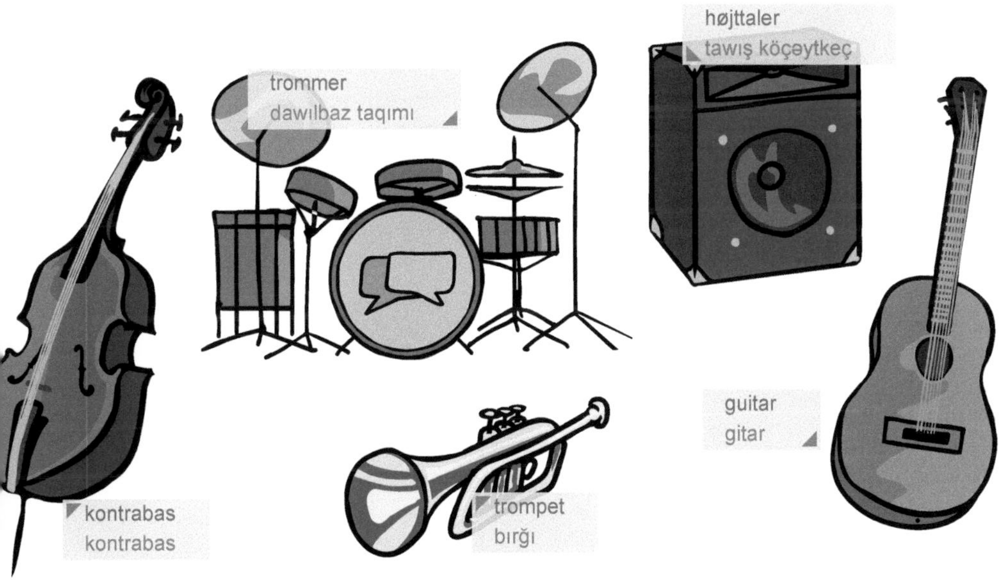

klaver / piano

violin / kəmən

bas / bas gitar

pauke / timpani

tromme / dawılbaz

keyboard / töyməsar

saxofon / saksofon

fløjte / flüt

mikrofon / mikrofon

musikinstrumenter - muzıka alətlərə

# ZOO
# xaywan baqçası

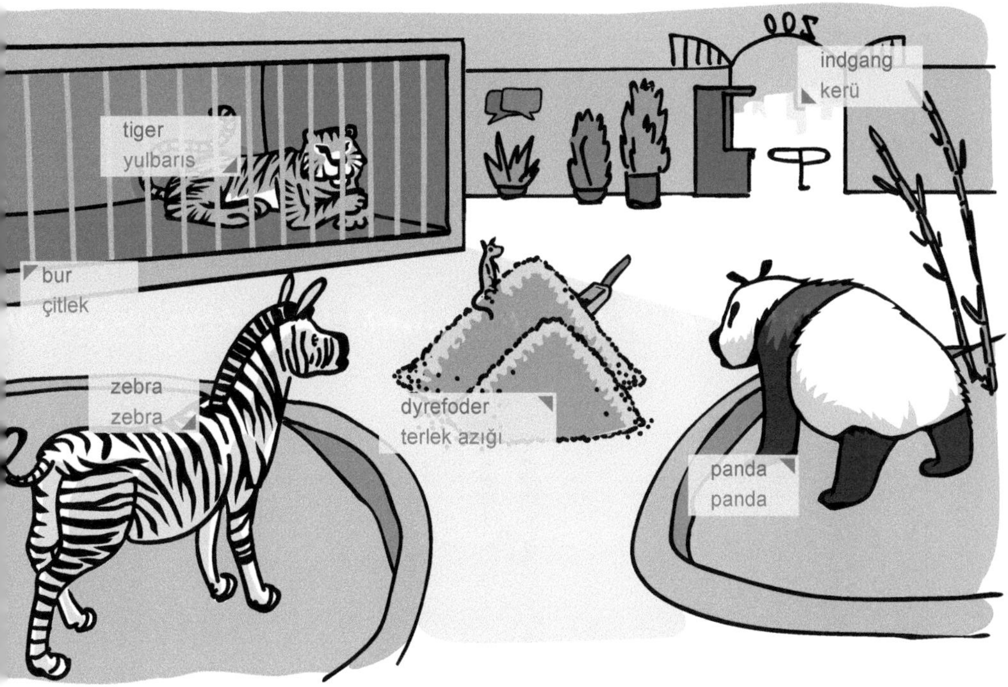

- tiger / yulbarıs
- bur / çitlek
- zebra / zebra
- indgang / kerü
- dyrefoder / terlek azığı
- panda / panda

dyr
xaywannar

elefant
fil

kænguru
köngerə

næsehorn
kərkədən

gorilla
gorilla

bjørn
ayu

zoo - xaywan baqçası

kamel
døye

struds
təwə qoşı

løve
arıslan

abe
maymıl

flamingo
flamingo

papegøje
tutıy qoş

isbjørn
aq ayu

pingvin
pingwin

haj
küpek balığı

påfugl
tawis

slange
yılan

krokodille
timsax

dyrepasser
xaywan baqçası xezmətkəre

sæl
suete

jaguar
yaguar

zoo - xaywan baqçası

pony
poni

leopard
qaplan

flodhest
su ayğırı

giraf
zörəfə

ørn
børket

vildsvin
qaban duñğızı

fisk
balıq

skildpadde
taşbaqa

hvalros
morşa

ræv
tölke

gazelle
ğəzəl

# sport
## sport törləre

amerikansk football
Amerika futbolı

cykling
səpid

tennis
tennis

basketball
basketbol

svømning
yözü

boksning
boks

ishockey
xokkey

fodbold
futbol

badminton
badminton

atletik
atletika

håndbold
handbol

skiløb
çañğı

polo
polo

sport - sport törlərе

# aktiviteter
# itkenleklər

- grine / kölərgə
- give et knus / qoçaqlarğa
- pringe / ikerergə
- gå / yörergə
- synge / cırlarğa
- drømme / xıyallanırğa
- bede / ğibədət qılırğa
- kysse / übərgə

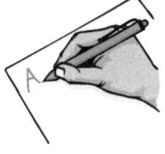

skrive
yazarğa

tegne
rəsem yasarğa

vise
kürsətergə

skubbe
etərgə

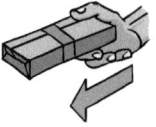

give
birergə

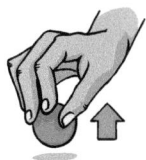

tage
alırğa

have
iyə bulırğa

gøre
eşlərgə

være
bulırğa

stå
basıp torırğa

løbe
yögerergə

trække
tartırğa

kaste
taşlarğa

falde
yığılırğa

ligge
yatarğa

vente
kötərgə

bære
taşırğa

sidde
utırırğa

tage på
kiyenergə

sove
yoqlarğa

vågne
uyanırğa

se på
qararğa

græde
yılarğa

ae
sıyparğa

kæmme
tararğa

tale
söyləşergə

forstå
añlarğa

spørge
sorarğa

høre
tıñlarğa

drikke
eçərgə

spise
aşarğa

rydde op
cıyıştırınırğa

elske
söyərgə

koge
peşerergä

køre
sörergə

flyve
oçarğa

aktiviteter - itkenleklər

| sejle | regne | læse |
| diñgezgə açılu | isəpləw | uqırğa |

| lære | arbejde | gifte sig med |
| öyrənergə | eşlərgə | öylənergə |

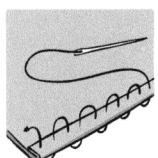  

| sy | børste tænder | dræbe |
| tegərgə | teş fırçalarğa | üterergə |

| ryge | sende |
| təməke tartırğa | cibərergə |

# familie
# ğailə

bedstemor / əbi

bedstefar / babay

far / ata

mor / ana

baby / sabıy

datter / qız

søn / ul

gæst
qunaq

tante
apa

onkel
abıy

bror
abıy / ene

søster
apa / señel

familie - ğailə

# krop
## tən

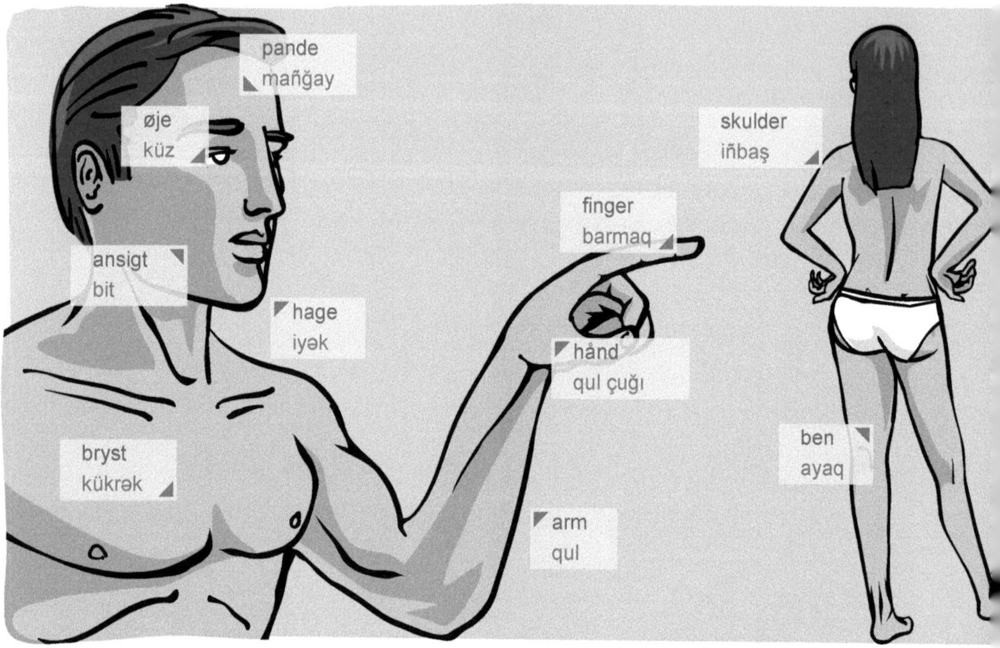

- pande / mañğay
- øje / küz
- skulder / iñbaş
- finger / barmaq
- ansigt / bit
- hage / iyək
- hånd / qul çuğı
- bryst / kükrək
- ben / ayaq
- arm / qul

baby
sabıy

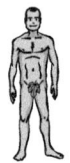

mand
ir

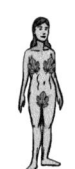

kvinde
xatın

pige
qız

dreng
malay

hoved
baş

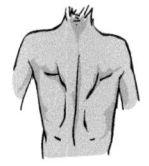
ryg
arqa

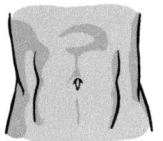
mave
eç

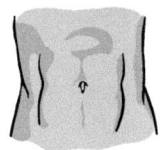
navle
kendek

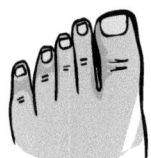
tå
ayaq barmağı

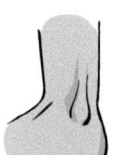
hæl
ükçə

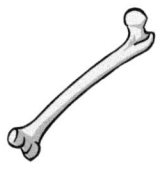
knogle
söyək

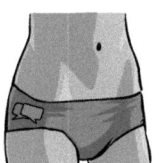
hofte
bot

knæ
tez

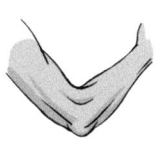
albue
tersək

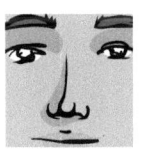
næse
borın

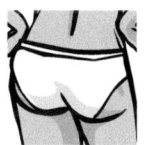
bagdel
art san

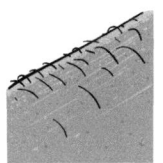
hud
tire

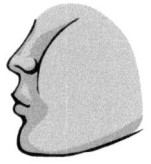
kind
yañaq

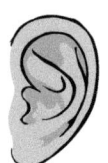
øre
qolaq

læbe
iren

krop - tən

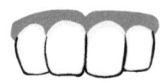

mund
awız

tand
teş

tunge
tel

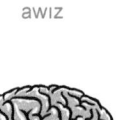
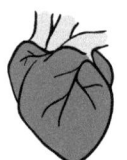

hjerne
mi

hjerte
yörək

muskel
ğəzlə

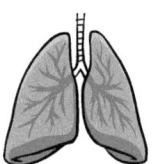

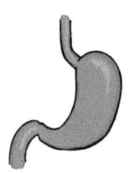

lunge
üpkə

lever
bawır

mavesæk
aşqazanı

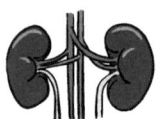

nyrer
böyerlər

sex
seks

kondom
prezervativ

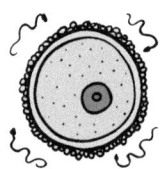

ægcelle
kükəy küzənək

sperm
məni

svangerskab
kömən

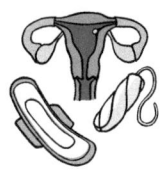

menstruation
kürem

vagina
vagina

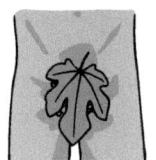

penis
penis

øjenbryn
qaş

hår
çəçlər

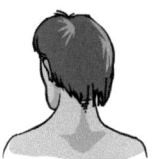

hals
muyın

krop - tən

# sygehus
## xastaxanə

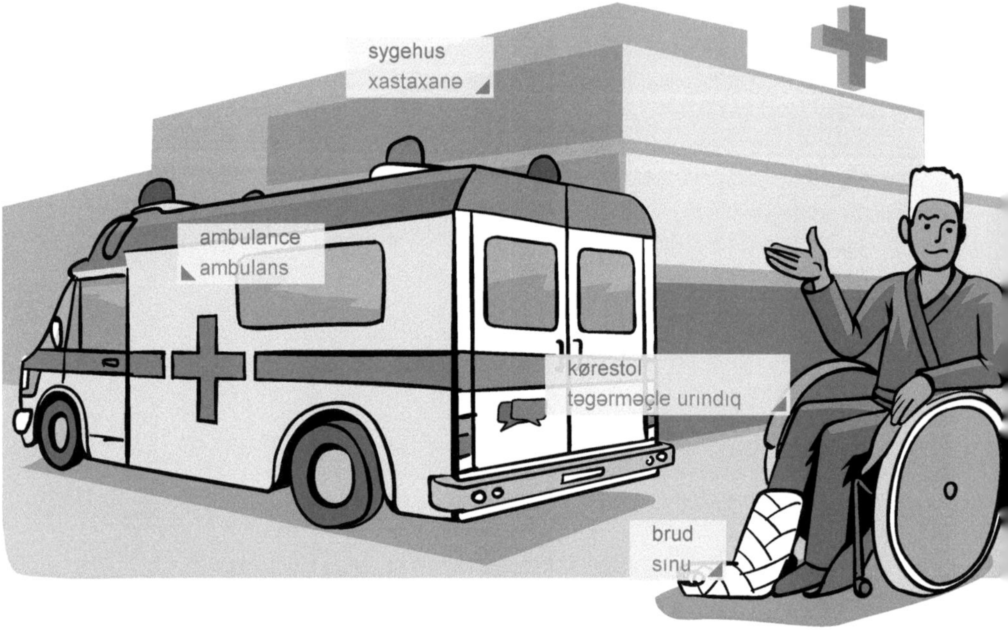

- sygehus / xastaxanə
- ambulance / ambulans
- kørestol / təgərməcle urındıq
- brud / sınu

læge
tabib

akutmodtagelse
aşığıç yərdəm bülməse

sygeplejerske
şəfqət tutaşı

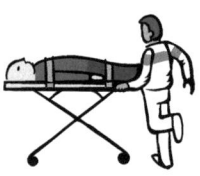

nødstilfælde
kiçektergesez xəl

bevidstløs
añsız

smerte
awırtu

skade
cərəxətlənü

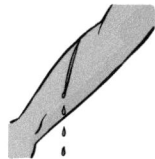

blødning
qan ağu

hjerteinfarkt
infarkt

slagtilfælde
insult

allergi
allergiyə

hoste
yütəl

feber
qızu

influenza
grip

diarré
eç kitü

hovedpine
baş awırtu

kræft
yaman şeş

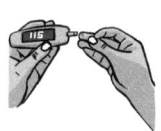

diabetes
diabet

kirurg
xirurg

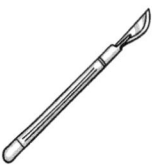

skalpel
skalpel

operation
ğəməliyət

sygehus - xastaxanə

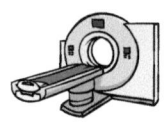
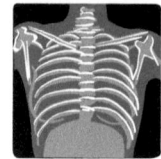
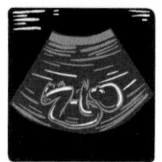

CT — røntgen — ultralyd
ST — röntgen — ultratawış

maske — sygdom — venteværelse
bitlek — awıru — kötü bülməse

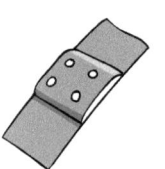

krykke — plaster — forbinding
qultıq tayağı — plaster — bəyləweç

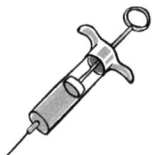
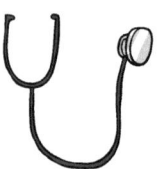
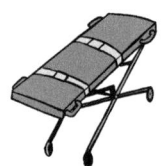

injektion — stetoskop — båre
qadaw — stetoskop — sədiyə

termometer — fødsel — overvægt
klinik termometr — tuu — artıq awırlıq

sygehus - xastaxanə

høreapparat     desinficerende middel     infektion

işetü cihazı     dezinfektant     yoğış

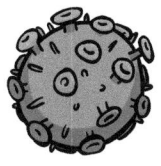  

virus     HIV / AIDS     medicin

virus     KİV / BİDS     daru

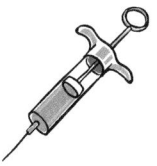 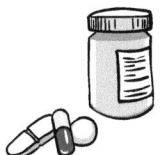 

vaccination     tabletter     pille

vaksinalanu     tabletlər     kontraseptiv tablet

nødopkald     blodtryksmåler     syg / rask

aşığıç çaqıru     qan basımı ülçəgeçe     awıru / sələmət

sygehus - xastaxanə

# nødstilfælde
## kiçektergesez xəl

| | | |
|---|---|---|
| Hjælp! | alarm | overfald |
| Qotqarığız! | xəwef tawışı | höcüm |

| | | |
|---|---|---|
| angreb | fare | nødudgang |
| höcüm | qurqınıç | aşığıç çığu |

| | | |
|---|---|---|
| Det brænder! | ildslukker | uheld |
| Yanğın! | ut sündergeç | qaza |

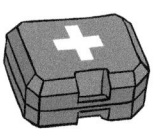

| | | |
|---|---|---|
| førstehjælps-kuffert | SOS | politi |
| berençe yərdəm buqçası | SOS | polisə |

# Jorden
## Cir

Europa
Awrupa

Nordamerika
Tönyaq Amerika

Sydamerika
Könyaq Amerika

Afrika
Afrika

Asien
Asya

Australien
Awstralya

Atlanterhavet
Atlantik okean

Stillehavet
Tın okean

Indiske Ocean
Hind okeanı

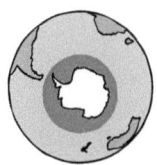

Sydlige Ishav
Antarktik okean

Ishav
Arktik okean

Nordpol
Tönyaq qotıp

| Sydpol | Antarktis | Jorden |
| Könyaq qotıp | Antarktika | Cir |

  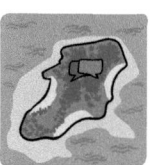

| land | hav | ø |
| qorı cir | diñgez | utraw |

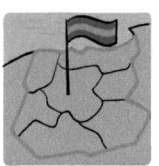 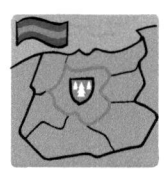

| nation | stat |
| millət | dəwlət |

# ur
# səğət

urskive
səğət bite

timeviser
səğət uğı

minutviser
minut uğı

sekundviser
sekund uğı

Hvad er klokken?
Səğət niçə?

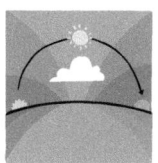
dag
kön

tid
waqıt

nu
xəzer

digitalur
dijital səğət

minut
minut

time
səğət

# uge
# atna

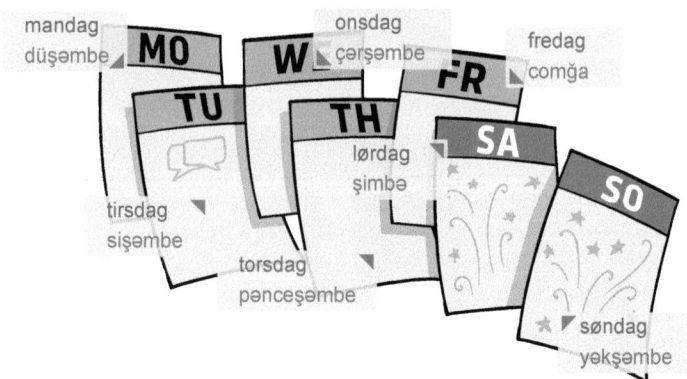

mandag / düşəmbe / MO
onsdag / çərşəmbe / W
fredag / comğa / FR
TU
TH
lørdag / şimbə / SA
tirsdag / sişəmbe
torsdag / pəncəşəmbe
søndag / yekşəmbe / SO

i går
kiçə

i dag
bügen

i morgen
irtəgə

morgen
irtə

middag
töş

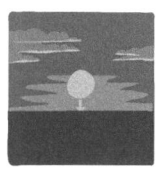

aften
kiç

arbejdsdage
eş könnəre

weekend
yal könnəre

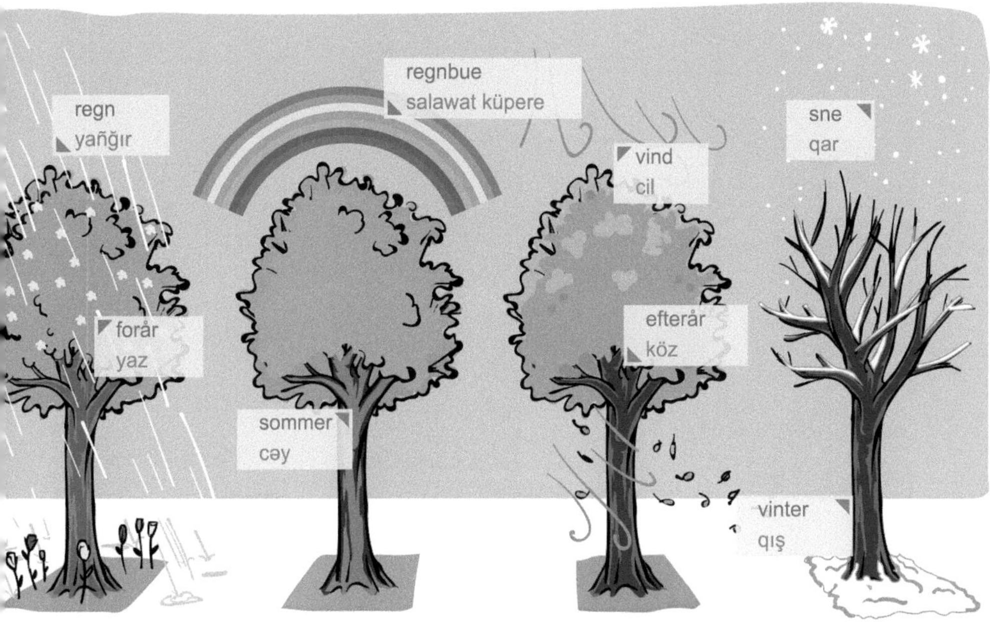

# år
## yıl

regn
yañğır

regnbue
salawat küpere

sne
qar

forår
yaz

vind
cil

sommer
cəy

efterår
köz

vinter
qış

vejrudsigt
hawa torışı

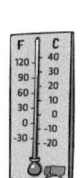

termometer
termometr

solskin
qoyaş yaqtısı

sky
bolıt

tåge
toman

luftfugtighed
dımlılıq

år - yıl

lyn — yəşen

torden — kük kükrəw

storm — dawıl

hagl — boz

monsun — musson

flod — su basu

is — boz

januar — Qırlaç

februar — Aqman

marts — Buşay

april — Yañarış

maj — Saban

  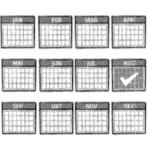

juni — Çereşmə

juli — Peçən

august — Uraq

år - yıl

september
Indır

oktober
Bilek

november
Qaraköz

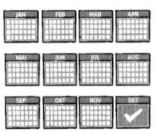

december
Kerəw

## former
## şəkellər

cirkel
tügərək

kvadrat
dürtkel

firkant
turıpoçmaq

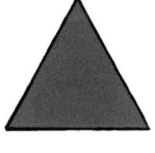
trekant
öçpoçmaq

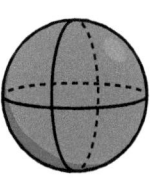
kugle
körrə

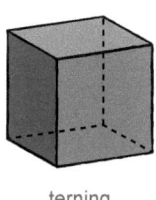
terning
kub

# farver
## töslər

hvid
aq

gul
sarı

orange
qızğılt sarı

pink
al

rød
qızıl

lilla
şəməxə

blå
zəñgər

grøn
yəşel

brun
körən

grå
sorı

sort
qara

## modsætninger
## qapma-qarşılıqlar

meget / lidt
küp / az

rasende / fredelig
usal / tınıç

smuk / grim
matur / yəmsez

begyndelse / slut
baş / axır

stor / lille
zur / keçkenə

lys / mørk
yaqtı / qarañğı

bror / søster
abıy, ene / apa, señel

ren / snavset
taza / pıçraq

fuldkommen / ufuldkommen
təmam / təmamlanmağan

dag / nat
kön / tön

død / levende
üle / tere

bred / smal
kiñ / tar

spiselig / uspiselig
aşarğa yaraqlı / aşarğa yaraqsız

vred / venlig
yaman / yaxşı

ophidset / kedet
dulqınlanğan / yalıqqan

tyk / tynd
yuan / yabıq

først / sidst
berençe / soñğı

ven / fjende
dus / doşman

fuld / tom
tulı / buş

hård / blød
qatı / yomşaq

tung / let
awır / ciñel

sult / tørst
açlıq / susaw

syg / rask
awıru / sələmət

illegal / legal
qanunsız / qanunlı

intelligent / dum
aqıllı / aqılsız

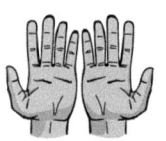

venstre / højre
sul / uñ

nær / fjern
yaqın / yıraq

 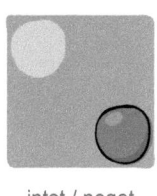 

| ny / brugt | intet / noget | gammel / ung |
| --- | --- | --- |
| yaña / qullanılğan | hiçnərsə / nərsədər | ölkən / yəş |

| tændt / slukket | åben / lukket | stille / højt |
| --- | --- | --- |
| ızdırılğan / sünderelgən | açıq / yabıq | tawışsız / göreltele |

| rig / fattig | rigtig / forkert | ru / glat |
| --- | --- | --- |
| bay / yarlı | döres / yalğış | qıtırşı / şoma |

 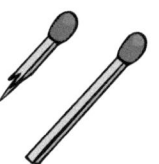 

| ked af det / lykkelig | kort / lang | langsom / hurtig |
| --- | --- | --- |
| küñelsez / küñelle | qısqa / ozın | aqrın / tiz |

| våd / tør | varm / kold | krig / fred |
| --- | --- | --- |
| dımlı / qorı | cılı / salqın | suğış / tınıçlıq |

modsætninger - qapma-qarşılıqlar

# tal
## sannar

**0**
nul
sıfır

**1**
en
ber

**2**
to
ike

**3**
tre
öç

**4**
fire
dürt

**5**
fem
biş

**6**
seks
altı

**7**
syv
cide

**8**
otte
sigez

**9**
ni
tuğız

**10**
ti
un

**11**
elleve
unber

| | | |
|---|---|---|
| **12** tolv / unike | **13** tretten / unöç | **14** fjorten / undürt |
| **15** femten / unbiş | **16** seksten / unaltı | **17** sytten / uncide |
| **18** atten / unsigez | **19** nitten / untuğız | **20** tyve / yegerme |
| **100** hundrede / yöz | **1.000** tusinde / meñ | **1.000.000** million / million |

tal - sannar

# sprog
## tellər

engelsk
inglizçə

amerikansk engelsk
Amerika inglizçəse

kinesisk mandarin
Mandarin qıtayçası

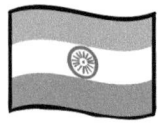
hindi
hindi

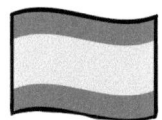
spansk
İspança

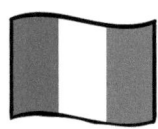
fransk
Fransızca

arabisk
Ğərəpçə

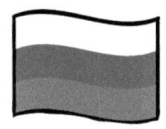
russisk
Rusça

portugisisk
Portugalça

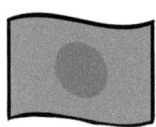
bengalsk
Bengali

tysk
Almança

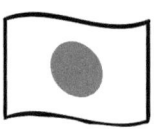
japansk
Yaponça

# hvem / hvad / hvordan
## kem / nərsə / niçek

jeg · du · han / hun / den / det
min · sin · ul / ul / ul

vi · I · de
bez · sez · alar

hvem? · hvad? · hvordan?
kem? · nərsə? · niçek?

hvor? · hvornår? · navn
qayda? · qayçan? · isem

# hvor
## qayda

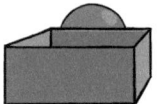
bag
artta

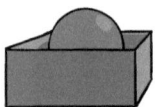
i
eçendə

foran
aldında

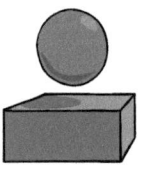
over
östendə

på
östendə

under
astında

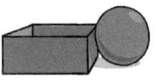
ved siden af
yanında

imellem
arasında

sted
urın